Gül Simsek

Einblick in die Philosophie Schopenhauers: Willensfreiheit

GRIN Verlag

Bibliografische Information der Deutschen Nationalbibliothek:

Die Deutsche Bibliothek verzeichnet diese Publikation in der Deutschen National-
bibliografie; detaillierte bibliografische Daten sind im Internet über http://dnb.d-
nb.de/ abrufbar.

Impressum:

Copyright © 2010 GRIN Verlag GmbH
Druck und Bindung: Books on Demand GmbH, Norderstedt Germany
ISBN: 978-3-656-49023-4

Dieses Buch bei GRIN:

http://www.grin.com/de/e-book/231995/einblick-in-die-philosophie-schopenhauers-
willensfreiheit

1. Einleitung

Die vorliegende Arbeit entsteht im Rahmen des Proseminars „Schopenhauer: Die beiden Grundprobleme der Ethik" und soll einen Einblick in die Philosophie Schopenhauers geben. Es soll sich hierbei vor allem um die Willensfreiheit und die Frage handeln, ob es im freien Willen des Menschen steht, seinen Charakter zu ändern.

Der ausbleibende Erfolg von seinem Hauptwerk *„Die Welt als Wille und Vorstellung"* und weiterer Schriften, vor allem aber auch die nicht zu unterschätzende fehlende Akzeptanz in den akademischen Kreisen, ließen Schopenhauer zu Lebzeiten als gescheiterten Philosophen erscheinen. Doch nach seinem Tod wurde seine Lehre immer und immer interessanter für Wissenschaftler und Philosophen. Vor allem seine Lehre über die Verneinung der Willensfreiheit sorgte für Diskussionen und Forschungen in der Öffentlichkeit. So stellte man nach den Ergebnissen einer modernen Hirnforschung fest, dass die Entscheidung zu einer Handlung bereits zu einem Zeitpunkt fällt, bevor sich der Mensch seiner Handlung bewusst geworden ist.[1] Dies bedeutet, dass Entscheidungen nicht bewusst getroffen werden, so dass sich die Frage nach der Willensfreiheit stellt. Schopenhauer kam vor der heutigen Hirnforschung zu ähnlichen Ergebnissen und behauptete, dass es nicht im freien Willen des Menschen steht, seinen Charakter zu ändern. Er unterscheidet drei Arten von Freiheit; die physische, intellektuelle und moralische Freiheit. Der moralischen Freiheit widmet er sein besonderes Interesse, da die moralische Freiheit die eigentliche Willensfreiheit sei. Ob aber diese Willensfreiheit tatsächlich existiert oder nur determiniert ist, soll im Folgenden untersucht und analysiert werden.

Doch bevor das Thema aufgegriffen wird, ist es vorteilhaft sich zunächst mit Schopenhauers Persönlichkeit zu beschäftigen, um seine Philosophie und seinen Gedankengang besser nachvollziehen zu können. Anschließend werden auf einige andere Aspekte, wie auf seinen Freiheitsbegriff und sein Verständnis von Handlung, Wollen und Charakter eingegangen, um abschließend zu der Arbeit die eigentliche Fragestellung zu beantworten, ob es für Schopenhauer im freien Willen des Menschen steht, seinen Charakter zu verändern.

2. Freiheits- und Handlungsbegriff

Für Arthur Schopenhauer ist der Begriff der Freiheit nur sinnvoll als ein negativer zu fassen, der sich selbst wie folgt gestaltet:

> *„Wir denken durch ihn nur die Abwesenheit alles Hindernden und Hemmenden; dieses*

---

1 Geyer; Christian: Hirnforschung und Willensfreiheit. Zur Deutung der neuesten Experimente. Frankfurt am Main 2004, Seite 9-13

hingegen muss, als Kraft äußernd, ein positives sein. Der möglichen Beschaffenheit dieses Hemmenden entsprechend hat der Begriff drei sehr verschiedene Unterarten: physische, intellektuelle und moralische Freiheit."[3]

Schopenhauer ist davon überzeugt, dass die Frage nach der Willensfreiheit zahlreiche Missverständnisse aufweist und diese Missverständnisse auf verschiedene Deutungen des Freiheitsbegriffs zurückzuführen sind. Beispielsweise war für Immanuel Kant Freiheit der Gegenbegriff zum Determinismus und zur Abhängigkeit des Willens von sinnlichen Auslösern. Diese Annahme ergibt jedoch einen Widerspruch, da dies bedeuten würde, dass jeder frei Handelnde moralisch richtig und jeder moralisch falsch Handelnde unfrei handelt. So dürfte man dem unmoralisch Handelnden keine Vorwürfe für seine Taten machen, da er nicht nach sinnlichen Auslösern handelt, sondern aus moralischen Grundsätzen.

Schopenhauer vertritt die Ansicht, dass der Mensch nicht absolut frei in seinen Entscheidungen ist, dass er aber auch für seine Handlungen verantwortlich gemacht werden kann. Damit spricht er dem Menschen die Willensfreiheit zwar nicht ganz ab, aber er hält menschliche Willensentscheidungen für kausal bedingt. Für Schopenhauer ist ein Mensch dann frei, wenn er in seinem Willen und Handeln ungehindert ist. Er unterscheidet zwischen drei Arten von Freiheit; nämlich zwischen der physischen, intellektuellen und moralischen Freiheit, die im Folgenden näher erläutert werden sollen.

Die physische Freiheit setzt Schopenhauer gleich mit der Handlungsfreiheit. Solange der Mensch ohne äußeres Hindernis seinen Willen ausführen kann, ist er frei in seiner Handlung. Diese Handlungsfreiheit ist für die Menschen der vertrauteste und am häufigsten verwendete Freiheitsbegriff. Schopenhauer erklärt in seinen Werken, dass ein gebildeter Mensch dazu neigt, seinen Willen für absolut frei zu halten, da sein Selbstbewusstsein ihm die Einsicht gibt, dass er tun kann, was er will. Dass dieses Wollen bedingt ist durch Ursachen, berücksichtigte er nicht. Dieses Wollen ist nur eine physische Freiheit, die nicht gleich bedeutend ist mit der Willensfreiheit. Die intellektuelle Freiheit ist die durch mangelndes Wissen und mangelnde Fähigkeit beschränkte Freiheit. Wer intellektuell unfrei ist, will und tut nicht das, was er eigentlich will. Entweder er tut das, von dem er nicht weiß, was er tut, oder aber er tut etwas ohne dass es seinem Willen entspricht. Die moralische Freiheit bezeichnet Schopenhauer als *liberum arbitrium* (die freie Willensentscheidung). Im Gegensatz zur physischen Freiheit, die bei Abwesenheit der Hindernisse sofort eintritt, ist die moralische Freiheit der Menschen ohne Notwendigkeit, ohne vorhergegangene Ursache. Sie ist mit dem Kausalprinzip unvereinbar. Das zu tun, was man will, entspricht nicht dem Prinzip der moralischen Freiheit. Nur wenn die

---

3 Schopenhauer, Arthur: Über die Freiheit des menschlichen Willens. Über die Grundlage der Moral. Zürich 1977, Seite 43

Frage „*Kannst du wollen, was du willst?*" positiv beantwortet werden kann, ist die moralische Freiheit gegeben. Schopenhauer aber bestreitet eine positive Antwort auf diese Frage. Wer sich auf eine dieser Frage einlasse, verfalle der Illusion, dass hinter dem Wollen ein anderes Wollen stecken könne, das immer und immer wieder ein zurückliegendes Wollen voraussetze. Nach Schopenhauer kann Freiheit immer zurück geführt werden auf die Abwesenheit von Notwendigkeit.

> „*Notwendig ist, was aus einem gegebenen zureichenden Grunde folgt: welcher Satz, wie jede richtige Definition, sich auch umkehren lässt. Je nachdem nun dieser zureichende Grund ein logischer, oder ein mathematischer, oder ein physischer, genannt Ursache, ist, wird die Notwendigkeit eine logische, eine mathematische oder eine physische, reale sein; immer aber hängt sie, mit gleicher Strenge, der Folge an, wenn der Grund gegeben ist.nur sofern wir etwas als Folge aus einem gegeben Grunde begreifen, erkennen wir es als notwendig, und umgekehrt, sobald wir etwas als Folge eines zureichenden Grundes erkennen, sehen wir ein, dass es notwendig ist: denn alle Gründe sind zwingend.*"[4]

Schopenhauer erklärt die Abwesenheit der Notwendigkeit für identisch mit der Abwesenheit eines bestimmten zureichenden Grundes. Demnach kann es für diese Art Freiheit keine Vorstellung in unserem Verstand geben, weil es ja gerade die Aufgabe des Verstandes ist, alle Vorstellungsinhalte miteinander in Zusammenhang zu bringen. Eine Handlung, für die es keine angemessenen Gründe gibt, zu beschreiben, ist undenkbar, wie man es dem *terminus technicus* entnehmen kann „*liberum arbitrium indifferentiae*", das so viel bedeutet wie „freie, nach keiner Seite hin beeinflusste Willensentscheidung". So kann Freiheit als Umkehrung dessen aufgefasst werden, was unser Verstand stets Dingen zuschreibt. Für Arthur Schopenhauer ist ein deterministisches Weltbild die Grundlage seiner Überlegungen. Er ist der Überzeugung, dass der Mensch nicht anders handeln kann, als er handelt, weil jeder Handlung ein Motiv zugrunde liegt. Bevor dieser Gedankengang näher untersucht wird, ist es nun wichtig nach der Erläuterung des von Schopenhauer angeführten Freiheitsbegriffs auch den Begriff der Handlung zu präzisieren. Handlungen sind für Schopenhauer die „*äußeren, mit Bewusstsein geschehenden Aktionen aller tierischen Wesen*".[5] Es geht hierbei um äußere Handlungen, die beobachtbar sind, das heißt innere Handlungen, wie beispielsweise das Lösen einer Aufgabe im Kopf, sind keine Handlungen, sondern bloße Gedanken, da diese nicht zu beobachten sind. Über seine Vorstellung von Kausalität um Veränderungen von Zuständen behauptet

---

4 Schopenhauer, Arthur: Über die Freiheit des menschlichen Willens. Über die Grundlage der Moral. Zürich 1977, Seite 47
5 Schopenhauer, Arthur: Über die vierfache Wurzel des Satzes vom zureichenden Grunde. Über den Willen in der Natur. Zürich 1977, Seite 62

Schopenhauer, dass *„das Gesetz der Kausalität in ausschließlicher Beziehung auf Veränderung steht und es stets nur mit diesen zu tun hat“*.[6] Für die Kausalität ist es irrelevant, wenn ein Zustand, die mit Ursachen und Folgen zu tun hat, unverändert bleibt. Die Motivation ist nach Schopenhauer die für Menschen und Tiere charakteristische Kausalität. Auch bei der Motivation geht es dem Philosophen um die Betrachtung des Handelns allgemein. Es gibt jedoch auch Handlungen, die man beobachten kann, die aber keine äußeren Veränderungen zur Folge haben. Wenn zum Beispiel jemand auf einen wackeligen Stuhl steigt und ein anderer den Stuhl hält, damit sein Kollege nicht herunterfällt, ist das eine Handlung, obwohl sich im Äußeren nichts verändert hat. Schopenhauer ist der Ansicht, dass es, wenn es keine äußeren Veränderungen trotz einer beobachtbaren Handlung gibt, *a priori* auch keine Ursache für diese Handlung geben kann. Für Schopenhauer ist das Motiv einer Handlung immer ein Leiden. Der Mensch versucht sein eigenes Leiden zu verhindern und riskiert das Leiden des anderen, weil er ein egoistisches Wesen ist. Es gibt aber moralische Handlungen, die den Egoismus des Menschen überwinden. Schopenhauers Ethik beruht auf dem Mitleid mit anderen Wesen, das den Egoismus beseitigt. Im nächsten Abschnitt soll dieser Aspekt neben weiteren Themen behandelt werden.

3. Der freie Wille und der Charakter des Menschen

Schopenhauer ist der Überzeugung, dass sich der Mensch erst durch Eintreffen einer Handlung für diese Handlung entscheidet, das heißt, erst wenn er durch eine Handlung tätig wird oder diese Handlung unterlässt, wird ihm bewusst, was er gewollt hat. In Schopenhauers Philosophie ist der Begriff „Wille“ mehr als das bloße Wollen. Die Welt im Ganzen ist Wille und Vorstellung, welche Vorstellung er als „empirisch wahrnehmbare Realität“ auffasst. Der Wille ist nicht erkennbar oder sinnlich wahrnehmbar und liegt dennoch der gesamten Welt der Vorstellung zu Grunde, ist also das „Ding an sich“, wie es Kant in seiner Philosophie aufführte, aber nicht näher bestimmte. Durch den inneren Sinn unseres Willens erfährt der Mensch das Selbstbewusstsein, das also erst nach dem Wollen erscheint. So ist der Wille der *„Kern unseres Wesens“*.[7] Dies hat aber nicht zu bedeuten, dass das Selbstbewusstsein die Willensfreiheit beweist. Ganz im Gegenteil, gibt es für Schopenhauer im unmittelbaren Selbstbewusstsein nichts, was auf Willensfreiheit hindeutet. Schopenhauer nennt das Selbstbewusstsein *„Anschauungsvermögen“*[8] für das Bewusstsein von anderen Dingen, als es das Selbst ist. Damit könnten Selbstbewusstsein und Bewusstsein anderer Dinge auch subjektive oder

6 Ders., Seite 49
7 Schopenhauer, Arthur: Über die Freiheit des menschlichen Willens. Über die Grundlage der Moral. Zürich 1977, Seite 36
8 Schopenhauer, Arthur: Über die vierfache Wurzel des Satzes vom zureichenden Grunde. Über den Willen in der Natur. Zürich 1977, Seite 41

objektive Erkenntnis genannt werden, wie Schopenhauer lehrt:

„Jede Erkenntnis setzt unumgänglich Subjekt und Objekt voraus. Daher ist auch das Selbstbewusstsein nicht schlechthin einfach; sondern zerfällt wie das Bewusstsein von anderen Dingen (d.i. das Anschauungsvermögen) in ein Erkanntes und ein Erkennendes. Hier tritt nun das Erkannte durchaus und ausschließlich als Wille auf."[9]

Das Wollen ist also der einzige Gegenstand des Selbstbewusstseins, und zwar nicht nur die Willensakte, sondern auch alle Affekte und Leidenschaften. Alles dies sind Bewegungen des Willens. Im Selbstbewusstsein findet sich auch die Freiheit des Könnens als ein dem Willen gemäßes Tun. Vor der Tat und daher auch vor dem Freiheitsbewusstsein ist das mögliche Tun nur ein Wünschen. Schopenhauer legt besonders Wert darauf Wünschen und Wollen voneinander zu unterscheiden. So kann sich ein Mensch wünschen, ohne Brille die Welt klar und deutlich zu sehen, kann es aber aufgrund von niedriger Sehstärke nicht. Aber indem jemand etwas tut, will er es und wünscht es sich nicht nur. Wollen ist Tun und nicht Wünschen oder Sehnen. Der Mensch kann Entgegengesetztes wünschen, aber er kann nicht Entgegengesetztes wollen und genauso wenig kann er Entgegengesetztes tun. Weiterhin unterscheidet Schopenhauer zwischen dem „Wollen" und dem „hypothetischen Wollen". Wenn jemand sagt, er kann tun was er will, wenn er zum Beispiel in diesem Moment in den Urlaub fahren will, weil er das tun kann, tut dies aber nicht und geht nach Hause zu seiner Familie, ist es kein freies Wollen. Dieses „ich kann dies wollen" bedeutet in diesem Fall so viel wie „wenn ich nicht lieber was anderes wollte". Es ist weder freies „Wollen" noch freies „Wollen-Können". Arthur Schopenhauer unterscheidet den „intelligiblen" vom „empirischen" Charakter. Während der intelligible Charakter außer der Zeit und dem Raum liege und das „Ding an sich", also unveränderlich sei, sei der empirische Charakter individuell, konstant und angeboren. Allein durch Erfahrung lernt der Mensch den Charakter der Menschen und seinen eigenen Charakter kennen. Da der Charakter unveränderlich ist, kann sich der Mensch niemals ändern und wird unter völlig gleichen Umständen immer gleich handeln.

Laut Schopenhauer sind die menschlichen Handlungen von einem Bewusstsein der Eigenmächtigkeit und Ursprünglichkeit begleitet. Daher sei jeder Mensch Täter seiner Taten und müsse sich für diese moralisch verantwortlich fühlen. Diese Verantwortlichkeit aber setzt die Freiheit voraus, denn nur wenn ein Mensch frei handelt, also eine Handlung ungehindert vollzieht, kann er für diese Verantwortung übernehmen. Das im Selbstbewusstsein gegebene Freiheitsbewusstsein ist aber kein Zeichen für Willensfreiheit, sondern ein Zeichen für

---

9 Ders., Seite 41

Handlungsfreiheit. Diese Handlungsfreiheit besteht darin, ohne äußere Hindernisse handeln zu können, wie man will. Daher setzt sie also schon einen bestimmten Willen voraus. Die Bedingung von Verantwortlichkeit sieht er in einer metaphysischen Unabhängigkeit der Person, die er als „Aseität", was so viel wie Durch-sich-selbst-Sein bedeutet, bezeichnet, wie er in seinem Werk beschreibt:

„Diese ist das völlig deutliche und sichere Gefühl der Verantwortlichkeit für das was wir tun, der Zurechnungsfähigkeit für unsere Handlungen, beruhend auf der unerschütterlichen Gewissheit, dass wir selbst die Täter unserer Taten sind"[10]

Demzufolge ist durch den empirischen Charakter nicht die Willensfreiheit, wohl aber die Verantwortlichkeit gewährleistet. Schopenhauer geht davon aus, dass das menschliche Handeln determiniert ist, sowie alle anderen Ereignisse in der Welt, wie beispielsweise die nächste Mond- oder Sonnenfinsternis. Jede Handlung kann aus dem Charakter und den eingetretenen Motiven abgeleitet werden.

„Dabei bleibt jedoch wahr, dass unsere Handlungen von einem Bewusstsein der Eigenmächtigkeit und Ursprünglichkeit begleitet sind, vermöge deren wir sie als unser Werk anerkennen, und Jeder, mit untrüglicher Gewissheit, sich als den wirklichen Täter seiner Taten und für die selben moralisch verantwortlich fühlt.[12]

Da die Freiheit nicht im Handeln liegen kann, muss sie im „Sein" des Menschen, das heißt in seinem Charakter liegen, der vom Menschen frei geschaffen wurde.

Diese metaphysische Theorie von moralischer Freiheit vertritt Schopenhauer aus zwei Gründen. Einerseits setzt er den Determinismus als selbstverständlich voraus und andererseits betrachtet er die Handlungsfreiheit als unzureichende Basis von Verantwortlichkeit. Danach kann gefolgert werden, dass das Handeln des Menschen frei ist, wenn sein Wille nur durch sich selbst, also ohne äußere Einflüsse bestimmt wird. Ein solcher Wille wäre ohne eine Ursache hervorgerufen. Doch Schopenhauer lehnt diesen Begriff von Willensfreiheit strikt ab. Am Begriff der Verantwortlichkeit hingegen hält er fest. Wahre individuelle Willensfreiheit wäre für Schopenhauer durch die Abwesenheit eines substantiellen Charakters gekennzeichnet und stellt somit eine „existentia ohne essentia" dar.[13] Dass jeder Mensch einen angeborenen,

---

10 Schopenhauer, Arthur: Über die Freiheit des menschlichen Willens. Über die Grundlage der Moral. Zürich 1977, Seite 134
12 Schopenhauer, Arthur: Über die Freiheit des menschlichen Willens. Über die Grundlage der Moral. Zürich 1977, Seite 215
13 Schopenhauer, Arthur: Preisschrift über die Freiheit des Willens. Hamburg 1978, Seite 133

unveränderlichen Charakter hat, wurde bereits angesprochen. Dieser Charakter wird durch die Motive, die auf ihn wirken, in Bewegung gesetzt. Die Handlung muss notwendig eintreten, wenn alle Umstände einer Situation und die Kenntnis dieser Umstände vorherbestimmt sind. Dies hat zu bedeuten, dass ein Mensch in zwei Situationen mit völlig gleichen Umständen auch gleich handeln muss. Wenn er aber dennoch anders handelt, sind die Umstände nicht gleich, sei es auch nur eine Kleinigkeit. Schopenhauer führt drei Arten von Motiven an, die auf den menschlichen Charakter wirken können, nämlich die drei Grundtriebfeder des Menschen; Egoismus, Bosheit und Mitleid. Egoismus bedeutet für Schopenhauer, das eigene Wohl zu wollen, ob es eine Schädigung eines anderen zur Folge hat oder nicht, das heißt auch das Unterlassen der Schädigung bei der Sicherung des eigenen Wohls kann ein egoistisches Handeln sein. Die weitere Triebfeder des menschlichen Handelns ist die Bosheit, die bewusst das Leid des Anderen will. Diesen beiden antimoralischen Triebfedern steht das Mitleid als moralische Triebfeder gegenüber. Nur wenn eine Handlung aus reinem Mitleid geschieht, ist dies eine moralische Handlung. Das von Schopenhauer formulierte Moralprinzip *„Verletze niemanden; vielmehr hilf allen, soweit du kannst"*[14] ist der Kern seiner Moralvorstellung. Moralisches Handeln ist auf das Wohl anderer gerichtet. Demnach hat egoistisches Handeln keinen moralischen Wert; *„Die Abwesenheit aller egoistischen Motivation ist also das Kriterium einer Handlung von moralischem Wert."*[15] Wenn also das Handeln auf das eigene Wohl, auf die Befriedigung der eigenen Wünsche und Triebe gerichtet ist, spricht man von einem egoistischen Handeln, das moralisch nicht vertretbar ist. Das Mitleid, welches das Leid anderer voraussetzt, legt er als Triebfeder des moralischen Handelns fest. Zunächst ist Mitleid ziellos, da bei jedem Menschen die Motivation anders ist, das heißt in bestimmten Situationen wird der eine durch das Mitleid motiviert zu helfen, ein anderer aber nicht. Dadurch dass die Moral motivationsbedingt ist, gibt es keine einheitliche Ansicht für bestimmte Situationen. Das Mitleid ist ein Motiv, das dem Egoismus und der Bosheit entgegenwirkt, den Menschen also davon abhält, der Verursacher fremder Schmerzen zu werden. Schopenhauer erklärt die Menschenliebe und die Gerechtigkeit als die zwei Tugenden des Menschen, die im Mitleid wurzeln. Dieses Mitleid ist ursprünglich und unmittelbar, das heißt es liegt in der menschlichen Natur selbst, ist eine Tatsache des menschlichen Bewusstseins. Hingegen der zwei Tugenden wirken Ungerechtigkeit und Unrecht, die die Verletzung eines Anderen voraussetzen. Die Begriffe Unrecht und Recht *„sind offenbar unabhängig von aller positiven Gesetzgebung und dieser vorhergehend: also gibt es ein rein ethisches Recht oder Naturrecht und eine reine, das heißt, von aller positiven Satzung unabhängige Rechtslehre."*[16] Das Mitleid

---

14 Schopenhauer, Arthur: Preisschrift über die Grundlage der Moral. Zürich 1977, Seite 176f.
15 Ders., Seite 204
16 Schopenhauer, Arthur: Über die Freiheit des menschlichen Willens. Über die Grundlage der Moral. Zürich

hält den Menschen nicht ab, einem anderen Schaden zuzufügen, sondern es treibt ihn dazu an, diesem Menschen zu helfen. Diese Motive sind im Charakter des Menschen angelegt. In jedem Charakter sind also die drei ethischen Grundtriebfeder Egoismus, Bosheit und Mitleid in verschiedenen Verhältnissen vorhanden. Das menschliche Handeln kann umgestaltend beeinflusst werden, aber nicht das eigentliche Wollen. Man kann also weder seinen eigenen noch einen fremden Charakter ändern. So zitiert Schopenhauer Goethe:

> *„Du bist am Ende – was du bist.*
> *Setz dir Perücken auf von Millionen Locken,*
> *Setz deinen Fuß auf ellenhohe Socken:*
> *Du bleibst doch immer, was du bist."*[17]

4. Fazit

Arthur Schopenhauer vertritt ein deterministisches Weltbild. Er glaubt, dass Ereignisse, aber auch menschliche Handlungen grundsätzlich kausal determiniert sind und meint, dass Determinismus Freiheit ausschließt. Schopenhauer kann sich aber eine unbedingte Willensfreiheit vorstellen. Für ihn ist Determinismus gleichbedeutend mit Unfreiheit. Es kann keine Freiheit in der Welt der Erscheinung geben, da es nichts geben kann, das ohne Ursache ist, da unser Erkenntnisvermögen so beschaffen ist, dass es nur im Rahmen von Zeit, Raum und Kausalität funktioniert. Neben der Unfreiheit gibt es für Schopenhauer auch die transzendentale Freiheit des Willens. Der intellibible Charakter des Menschen ist unabhängig von der Welt der Erscheinung. Er wurde frei gewählt, so dass jeder Mensch für seinen Charakter und deshalb auch für seine Handlungen verantwortlich gemacht werden kann. Dennoch ist das menschliche Handeln durch zureichende Gründe determiniert und der Mensch kann nicht anders handeln, als er handelt, was zur Folge hat, dass er unfrei ist.

Besonders überzeugend scheint seine Mitleidsethik, die besagt, dass das Mitleid die einzige moralische Triebfeder des menschlichen Handelns ist. In seltensten Fällen hilft ein Mensch seinem Mitmenschen grundlos, beispielsweise nur aus Höflichkeit. Im Normalfall hilft jeder Mensch einem anderen, weil er ihm leid tut und er das Leid des anderen verhindern möchte. Schopenhauer liegt in vielen seiner Überlegungen und Aufführungen seiner Gedanken nicht im Unrecht. Dennoch ist an ihm zu kritisieren, dass er den empirischen Charakter für angeboren und nicht veränderlich hält. Unser Charakter bildet

---

1977, Seite 218

17 Ders., Seite 297

sich durch Erfahrung aus und bleibt nicht von Geburt an gleich. Damit sich aber der Mensch ändern kann, beziehungsweise damit er seine Meinungen ändern kann, müssen äußere Veränderungen eintreten. Erfahrungsgemäß kann zum Beispiel ein Junge, der bis zur Mittelstufe nie seine Hausaufgaben gemacht hat und faul war, in der Oberstufe zu einem fleißigen, vorbildlichen Schüler werden. Die Ursache für diesen Wandel sind aber äußere Zustände. Wenn er merkt, dass das Leistungsniveau in der Oberstufe weit höher ist, als in der Mittelstufe, wird er sich bemühen, sich in seiner Denkweise und in seiner Handlung zu ändern, um seinen Abschluss zu erreichen. So ist es in allen Bereichen des Lebens. Der Mensch versucht stets das Beste aus seinem Leben zu machen. Um seine Ziele erreichen zu können, muss er sich seinem sozialen Umfeld anpassen, das voraussetzt, dass er bereit ist, sich eventuell zu ändern. Dieses Erreichen der eigenen Ziele kann dazu führen, dass ein Mensch für das eigene Wohlergehen egoistisch handelt oder gar einem anderen Menschen Schaden zufügt. Diese Überlegung bejaht wieder Schopenhauers Ansicht, dass Egoismus und Bosheit antimoralische Grundtriebfeder des menschlichen Charakters sind.

Literaturverzeichnis

APPEL, Sabine: Arthur Schopenhauer. Leben und Philosophie; Biographie. Düsseldorf: Artemis & Winkler Verlag, 2007.

GEYER, Christian: Hirnforschung und Willensfreiheit. Zur Deutung der neuesten Experimente. Frankfurt am Main: Suhrkamp Verlag, 2004.

SCHOPENHAUER, Arthur: Preisschrift über die Freiheit des Willens. Hrsg. von Hans Ebeling. Hamburg: Meiner Verlag, 1978.

SCHOPENHAUER, Arthur: Preisschrift über die Grundlage der Moral. Hrsrg. von Hans Ebeling. Hamburg: Meiner Verlag, 1979.

SCHOPENHAUER, Arthur: Über die Freiheit des Willens. Über die Grundlage der Moral. Zürich: Diogenes-Verlag, 1977.

SCHOPENHAUER, Arthur: Über die vierfache Wurzel des Satzes vom zureichenden Grunde. Über den Willen in der Natur. Zürich: Diogenes-Verlag, 1977.

SCHOPENHAUER, Arthur: Die Welt als Wille und Vorstellung. Frankfurt am Main: Haffmans bei Zweitausendeins Verlag, 2006.